Canada en couleurs

Per-Henrik Gürth

Texte français de Mireille Messier

Éditions ■SCHOLASTIC

La neige recouvre le sol
de son manteau BLANC.

Dans la forêt, on entend
le murmure des sapins VERTS.

Sur l'Île-du-Prince-Édouard,
la marée dit bonjour aux dunes
de sable ROUGE.

Bonjour! Au revoir!

Dans le Saint-Laurent, jusqu'à l'océan, les bateaux dansent sur les flots BLEUS.

Du Parc national de la Pointe-Pelée, les monarques partent vers le sud en agitant leurs ailes ORANGE.

Allons cueillir de délicieuses mûres VIOLETTES.

Miam! Miam!

Dans les Prairies, le vent chaud de l'été fait onduler le blé JAUNE.

Les sentiers de randonnée serpentent parmi les fleurs sauvages ROSES.

Au creux des montagnes sont nichées
des cabanes de bois BRUN.

Les étoiles scintillent
dans la nuit NOIRE.

Regarde! la Grande Ourse!

Dans le ciel du nord dansent les aurores boréales MULTICOLORES.

Pour maman et papa — P.-H.G.

Catalogage avant publication de Bibliothèque et Archives Canada

Ghione, Yvette
Le Canada en couleurs / Yvette Ghione; illustrations de Per-Henrik Gürth;
texte français de Mireille Messier.

Traduction de : Canada in colours.
Pour les 2-6 ans.

ISBN 978-0-545-99234-3

1. Couleurs--Ouvrages pour la jeunesse. 2. Canada--Miscellanées--
Ouvrages pour la jeunesse. I. Gürth, Per-Henrik II. Titre.

QC495.5.G5414 2008   j535.6   C2007-905362-9

Édition publiée par les Éditions Scholastic,
604, rue King Ouest, Toronto (Ontario) M5V 1E1,
avec la permission de Kids Can Press Ltd.

5 4 3 2 1   Imprimé en Chine   08 09 10 11 12